𑖐《ぎゃー》𑖝𑖸《てー》

毎日　毎日　あたらしい　いのち

ぎゃー てー
だんだん
心が
澄んでくる

みんな
みんな
仏さま

はー　らー　ぎゃー　てー

すべてを
なげだし
すべてを
まかせよう

大きな
海と
ひとつになる

はら そうぎゃー てー
おかあさーーん

ぼう じ そわ か
いのちは　ほとけ

般若心経 絵本

摩《ま》訶《か》般《はん》若《にゃ》波《は》羅《ら》蜜《みっ》多《た》心《しん》経《ぎょう》

観《かん》自《じ》在《ざい》菩《ぼ》薩《さつ》　行《ぎょう》深《じん》般《はん》若《にゃ》波《は》羅《ら》蜜《みっ》多《た》時《じ》　照《しょう》見《けん》五《ご》蘊《うん》
皆《かい》空《くう》　度《ど》一《いっ》切《さい》苦《く》厄《やく》　舎《しゃ》利《り》子《し》　色《しき》不《ふ》異《い》空《くう》　空《くう》不《ふ》
異《い》色《しき》　色《しき》即《そく》是《ぜ》空《くう》　空《くう》即《そく》是《ぜ》色《しき》　受《じゅ》想《そう》行《ぎょう》識《しき》　亦《やく》復《ぶ》
如《にょ》是《ぜ》　舎《しゃ》利《り》子《し》　是《ぜ》諸《しょ》法《ほう》空《くう》相《そう》　不《ふ》生《しょう》不《ふ》滅《めつ》　不《ふ》垢《く》
不《ふ》浄《じょう》　不《ふ》増《ぞう》不《ふ》減《げん》　是《ぜ》故《こ》空《くう》中《ちゅう》　無《む》色《しき》　無《む》受《じゅ》想《そう》行《ぎょう》
識《しき》　無《む》眼《げん》耳《に》鼻《び》舌《ぜっ》身《しん》意《い》　無《む》色《しき》声《しょう》香《こう》味《み》触《そく》法《ほう》　無《む》眼《げん》
界《かい》　乃《ない》至《し》無《む》意《い》識《しき》界《かい》　無《む》無《む》明《みょう》　亦《やく》無《む》無《む》明《みょう》尽《じん》　乃《ない》
至《し》無《む》老《ろう》死《し》　亦《やく》無《む》老《ろう》死《し》尽《じん》　無《む》苦《く》集《しゅう》滅《めつ》道《どう》　無《む》智《ち》亦《やく》
無《む》得《とく》　以《い》無《む》所《しょ》得《とく》故《こ》　菩《ぼ》提《だい》薩《さっ》埵《た》　依《え》般《はん》若《にゃ》波《は》羅《ら》蜜《みっ》

多《た》故《こ》　心《しん》無《む》罣《けい》礙《げ》　無《む》罣《けい》礙《げ》故《こ》　無《む》有《う》恐《く》怖《ふ》　遠《おん》離《り》
一《いっ》切《さい》顛《てん》倒《どう》夢《む》想《そう》　究《く》竟《きょう》涅《ね》槃《はん》　三《さん》世《ぜ》諸《しょ》佛《ぶつ》　依《え》般《はん》若《にゃ》
波《は》羅《ら》蜜《みっ》多《た》故《こ》　得《とく》阿《あ》耨《のく》多《た》羅《ら》三《さん》藐《みゃく》三《さん》菩《ぼ》提《だい》　故《こ》知《ち》般《はん》
若《にゃ》波《は》羅《ら》蜜《みっ》多《た》　是《ぜ》大《だい》神《じん》咒《しゅ》　是《ぜ》大《だい》明《みょう》咒《しゅ》　是《ぜ》無《む》上《じょう》咒《しゅ》
是《ぜ》無《む》等《とう》等《どう》咒《しゅ》　能《のう》除《じょ》一《いっ》切《さい》苦《く》　真《しん》実《じつ》不《ふ》虚《こ》故《こ》　説《せっ》般《はん》
若《にゃ》波《は》羅《ら》蜜《みっ》多《た》咒《しゅ》　即《そく》説《せつ》咒《しゅ》曰《わつ》
羯《ぎゃ》諦《てい》　羯《ぎゃ》諦《てい》　波《は》羅《ら》羯《ぎゃ》諦《てい》　波《は》羅《ら》僧《そう》羯《ぎゃ》諦《てい》　菩《ぼ》提《じ》
薩《そ》婆《わ》訶《か》
般《はん》若《にゃ》心《しん》経《ぎょう》

プロローグ

これは
お釈迦《しゃか》さまが
この世におられた時の
おはなしです。

ある日
お釈迦さまは
観自在《かんじざい》ぼさつや
出家《しゅっけ》の弟子たちと一緒に
お釈迦さまのふるさと
王舎城《おうしゃじょう》の地にある
霊鷲山《りょうじゅせん》という山に
のぼられました。

「わーっ、
すごいながめだ。
まわりがみんな
見わたせる」

「空の中に
入ったみたいだ。
きっもちいいー」

——天地のまじわる
このよいながめの場所で
瞑想《めいそう》をしたら、
きっとすばらしい境地《きょうち》が
味わえることだろう…

お釈迦《しゃか》さまは
そうお考えになって
瞑想に入られました。

しーーん……
ぽけ〜

やがて
お釈迦《しゃか》さまの
心の波動がひたひたと
潮がみちてくるように
あたりをつつみました。
それにいち早く感応して
深い瞑想《めいそう》に入ったのは、
観自在《かんじざい》ぼさつ、すなわち
かんのんさまでした。

「ん？」

「ひゃーっ」

かんのんさまのこのふしぎな変化を見て、
シャーリープトラくんは思いました。
「いったい、かんのんさまはどんな
瞑想《めいそう》に入っておられるのだろう。
とっても静かで幸せそうな
ご様子だけれど…」

するとそれを察したお釈迦《しゃか》さまが
シャーリープトラくんの心の中に
語りかけました。
――じかに、かんのんさまに
聞いてごらん。

「あの…　かんのんさま、
おうかがいしていいですか。
今入っておられた
かんのんさまの瞑想はいったい
どのような瞑想なのですか」

かんのんさまは
お釈迦さまの方にふりむき
ました。するとお釈迦さまは
黙ってうなずかれました。
――どーんどん話してあげなさい。
と、いわんばかりに。

そこで、かんのんさまは
シャーリープトラくんに話し始めました。
「この瞑想《めいそう》は、わたしが
はるか昔から慣れ親しんできた
ハンニャハラミツという瞑想なんだよ」
「かんのんさま、それはどういう
境地《きょうち》に入るのですか」

「それもハンニャハラミツの
境地なんだ」
「へー、なんかとっても
すごそうですね。
ぼくもその世界に入って
みたいなあ」
「そうかい、それじゃ…」

「手をつないで、
目をとじて。
私がこれからきみを
ハンニャハラミツの世界に
つれていってあげよう。いいかい、
いくよ！」

智《ち》慧《え》の大海

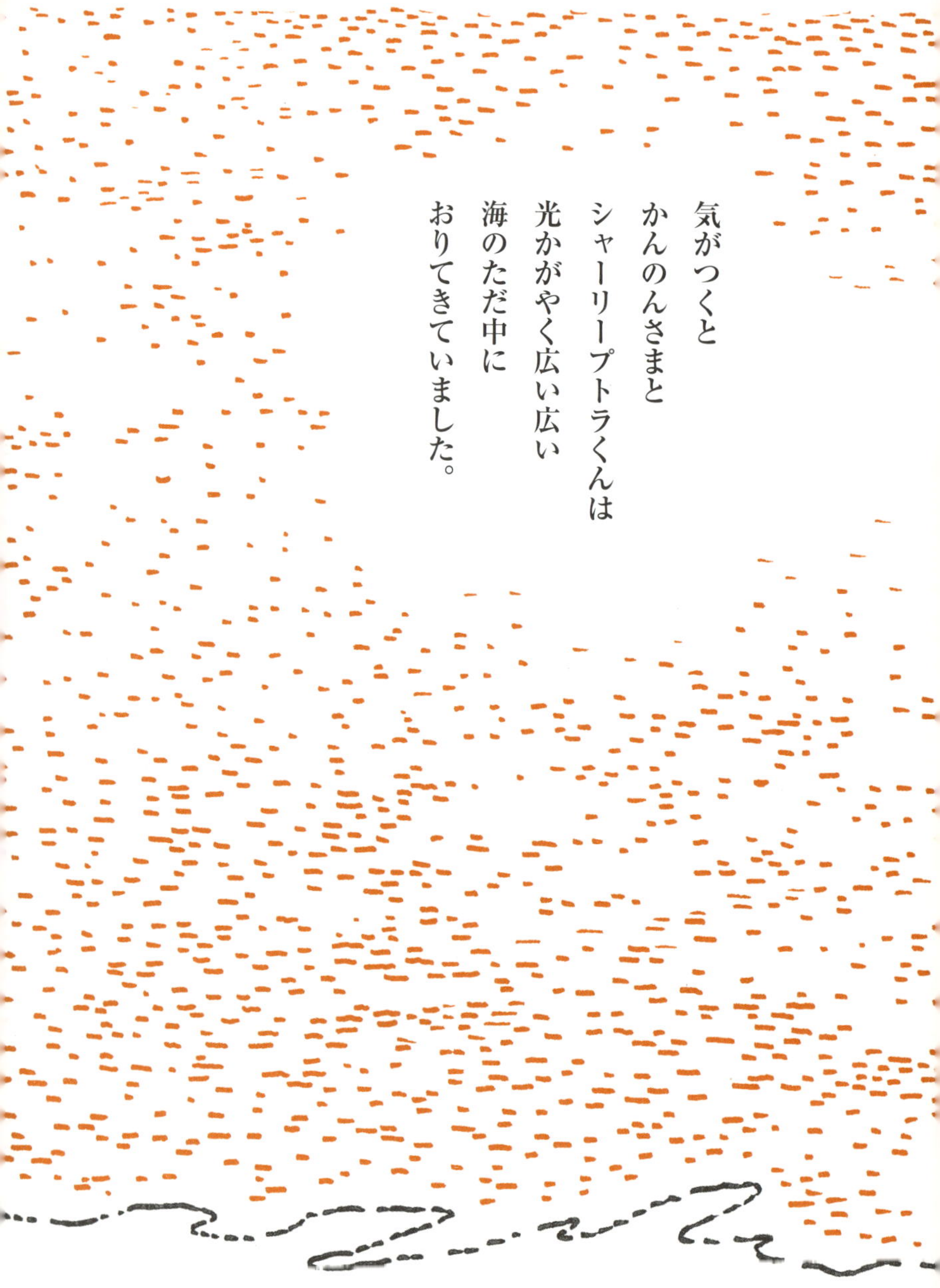

気がつくと
かんのんさまと
シャーリープトラくんは
光かがやく広い広い
海のただ中に
おりてきていました。

「ここはどこなんですか？」
「心の中だよ」
「え？　だれの？」
「わたしの心の中でもあり、
きみの心の中でもある」
「へーっ、ぼくの心の中に
こんなところが？」
「そう。
だれでもその心の底には
このような広い大きな
さとりの海があるんだ。
この海をハンニャハラミツ
というんだよ」

「かんのんさま、
ハンニャハラミツって…
智慧《ちえ》の完成っていうことですよね」
「そうだよ。だけど、それはうわべの
意味なんだ。ほんとは
さとりそのものといってもいいし、
この海のように広い智慧と
いってもいい、
宇宙全体に
行き渡っている
生命の海
なんだよね、
この心の底の
大きな海は…

この広い大きな
智慧の海のことを
ハンニャハラミツ
っていうんだ」
「へー、そのことについて
もっともっと知りたいな」
「それじゃ、シャーリープトラくん、
これから君にお釈迦《しゃか》さまの
『偉大なハンニャハラミツの
こころを説くお経』を、
わたしから説明してあげよう、
題して『摩訶《まか》般若《はんにゃ》波羅蜜多《はらみった》心経《しんぎょう》』、
略して『般若心経』をね」

仏説摩訶般若波羅蜜多心経

般若心経

観自在菩薩《かんじざいぼさつ》

観自在菩薩が

このわたし
観自在《かんじざい》ぼさつは、
じつは今しがたも
お釈迦《しゃか》さまの瞑想《めいそう》に
感応して、
ハンニャハラミツの
瞑想に入って
いたのです。

行深般若波羅蜜多時

深き般若波羅蜜多を行じし時

その瞑想に初めて入ったのは、
もう遠い遠い昔のことでした。
その時、わたしは
ふと気がついてみたら、
この深い深い心の底、
ハンニャハラミツの
智慧《ちえ》の海に
降りていました。

照《しょう》見《けん》五《ご》蘊《うん》皆《かい》空《くう》

五蘊はみな空なりと照見して

そこから
あらためて
この世の
ありようを
ながめてみると、

この世界は
それまでとは
まったく違った
新しい姿で
見えてきたのです。
そして、わたしは
明らかに理解したのです、
この世界を形づくっている
色や形や感覚や思いなどは、
すべてみなこの海のおもてに
起こっては消える波のような
ものだったと。

度《ど》一切《いっさい》苦厄《くやく》

一切の苦厄を度したまえり

そして、
それがわかった時、
わたしは
この世のすべての
悩みや苦しみから
いつのまにか
解放されて
いたのでした。

それを
これから
くわしく話して
あげるよ
へー
なぜなんで
しょうね

舎利子《しゃりし》　色不異空《しきふいくう》

舎利子よ、色は空に異ならず

シャーリープトラくん、
わたしたちは
自分が目にしているものは
確かにそこにあると
思っています。
この自分というものも
確かにあると
思っています。

けれど本当は、
それらのものは、
わたしたちが
思いこんでいるような
確実なあり方で
存在しているのでは
ありません。

たとえていうなら、
それらは海の上に
立っては消える
波のようなもの。
波を固定して
つかまえようとしても
つかまえられない
ように、

それらは
つねに
移ろいゆき、
そこには何ひとつ
つかまえられるような
実体はないのです。

空《くう》不《ふ》異《い》色《しき》

空は色に異ならず

とはいっても、
それらがまったくない
というわけでは
ありません。
この世界にしても、
この身体にしても、
現実にあることは
確かなのです。

しかし、
それらは
そのものとして
自立して
あるのではなく、
それはちょうど
大きな海のおもてに
起こっては消える
波のようなもの
としてあるのです。

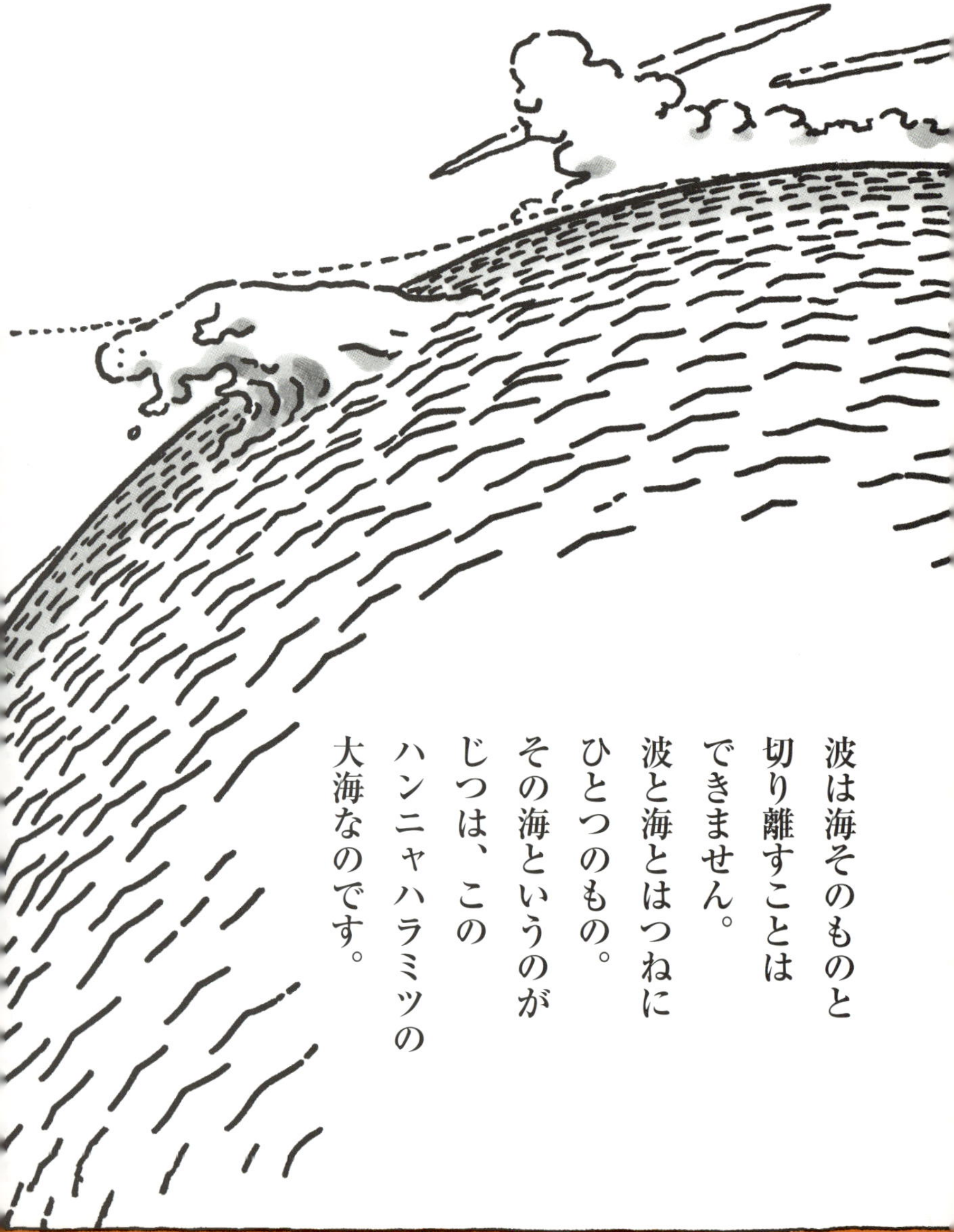

波は海そのものと
切り離すことは
できません。
波と海とはつねに
ひとつのもの。
その海というのが
じつは、この
ハンニャハラミツの
大海なのです。

わたしたちも含め、
この世界のすべての
ものは、それぞれが
ハンニャハラミツの
大海とひとつに
つながったものとして
存在しているのです。

「ちょっと、ちょっと待って
ください。かんのんさま、
わたしたちはそれぞれに
ひとつの独立した生命として
動き回っています。
単独で生きているように
見えますよね。
かんのんさまはいったい
どのような意味でその
ハンニャハラミツの大海と
ひとつにつながっていると
いわれるんですか」

「シャーリープトラくん、
それはこういうことなんだ。
その宇宙全体に広がる
ハンニャハラミツの大海、
それはわたしたちの
それぞれの体の中に
それぞれそっくり
そのまま入って
いるんだ」
「え、このぼくの
小さな体の中に
宇宙全体が
入って
いるの？」

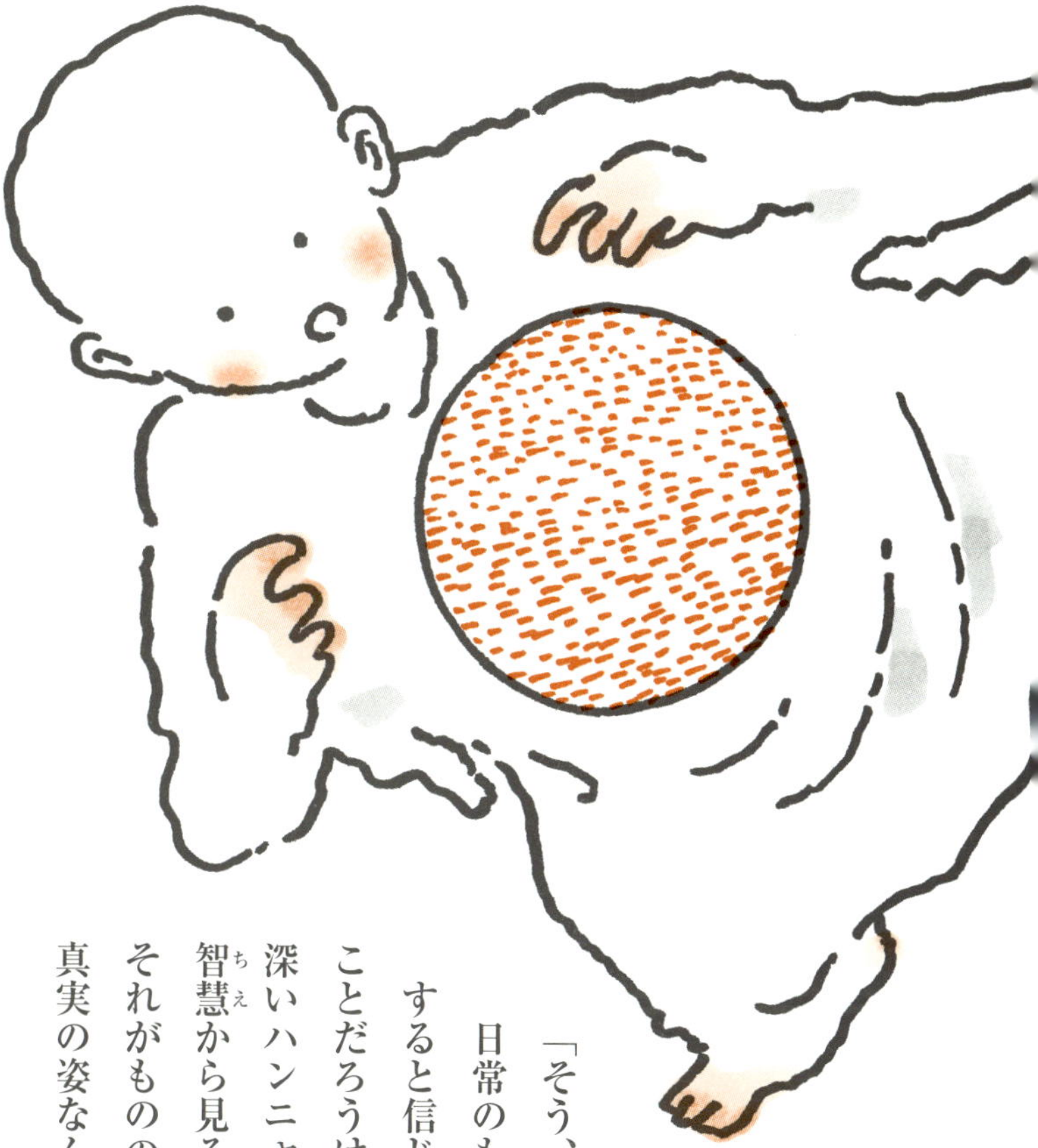

「そう、わたしたちの
日常のものの見方から
すると信じられない
ことだろうけれど、この
深いハンニャハラミツの
智慧《ちえ》から見るなら、
それがものの
真実の姿なんだよ」

「ハンニャハラミツの大海は
このわたしの中にもあり、
きみの中にもあり、
一輪の花、
一滴の水、
一粒の砂の中にだって
そっくりそのまま
入っている。
ハンニャハラミツは
この世界の
ありとあらゆるもの
それぞれの中に
それぞれ完全な形で
入っているんだ。

しかも、さらに
ふしぎなことには、
それぞれの中に
入っている大海は、
同じたったひとつの
大海なんだ」

「だから、わたしたちは見たところでは
バラバラに存在しているようでも、
じつはそれぞれにこの大海に
つながっているわけ
なんだよね」

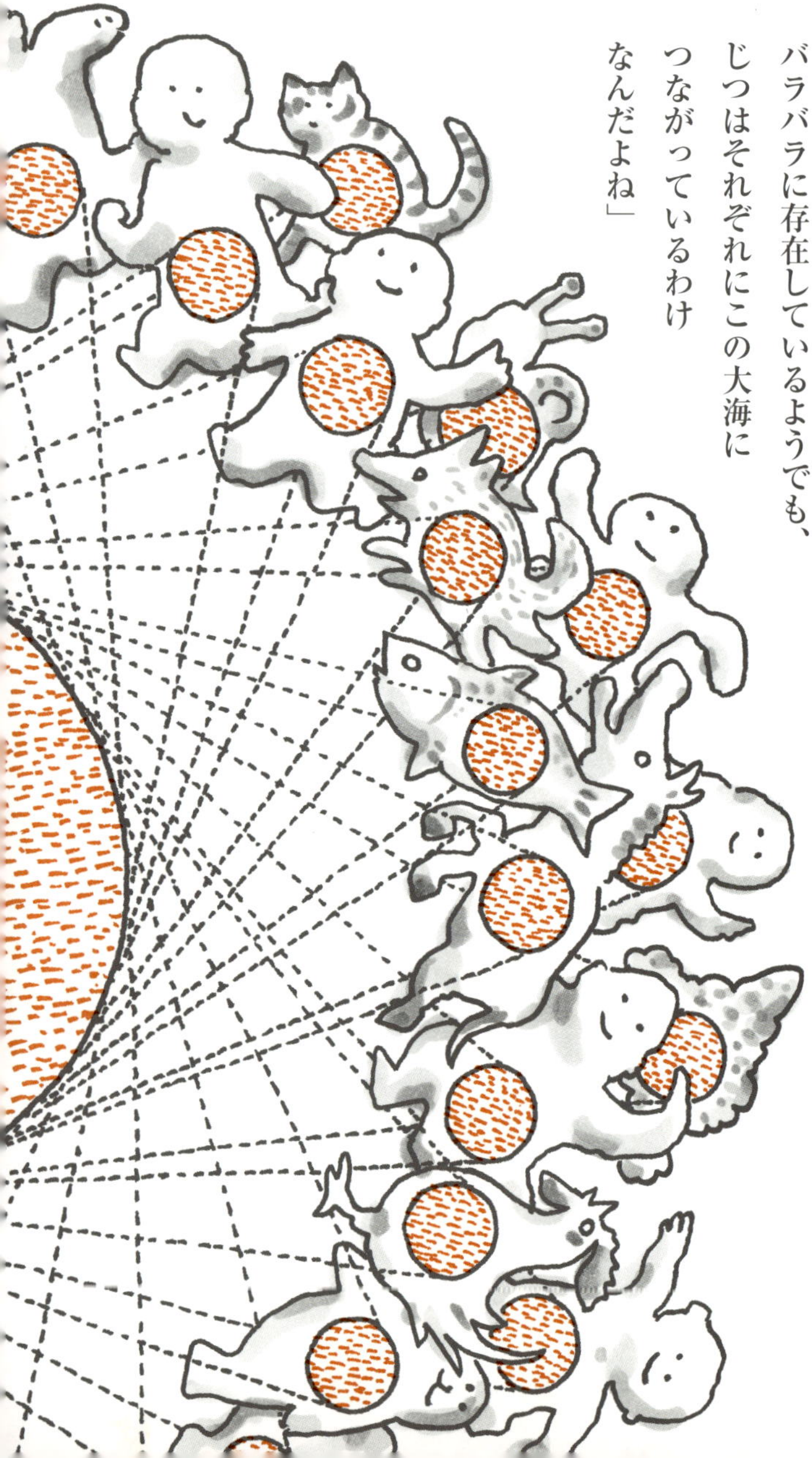

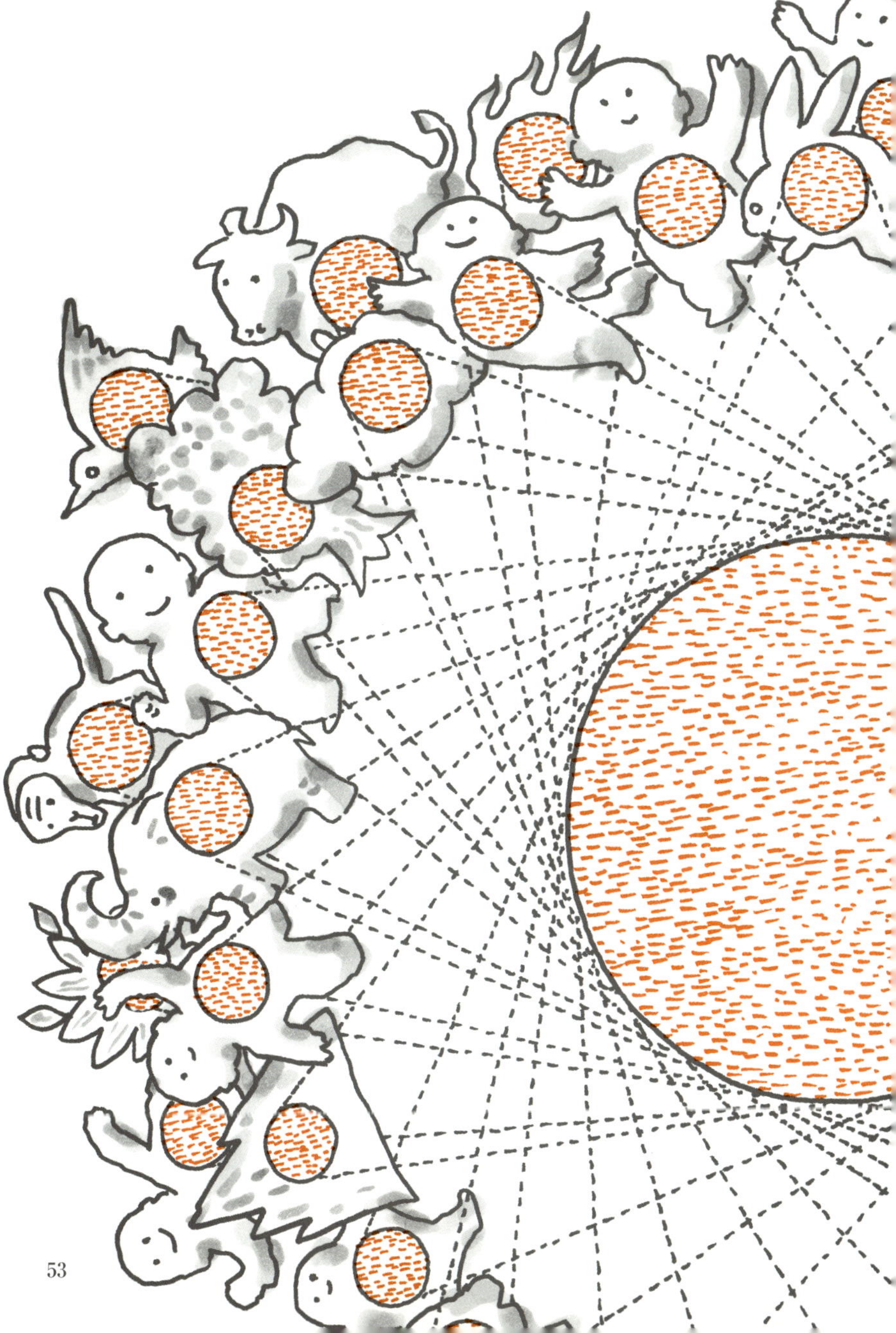

「この宇宙は、その中のすべてのものが
バラバラに分かれて存在しながら、
同時に深い所でつながって
ひとつの大きな
生命の大海を
形づくって
いるという

ふしぎな
あり方で存在
しているんだ」

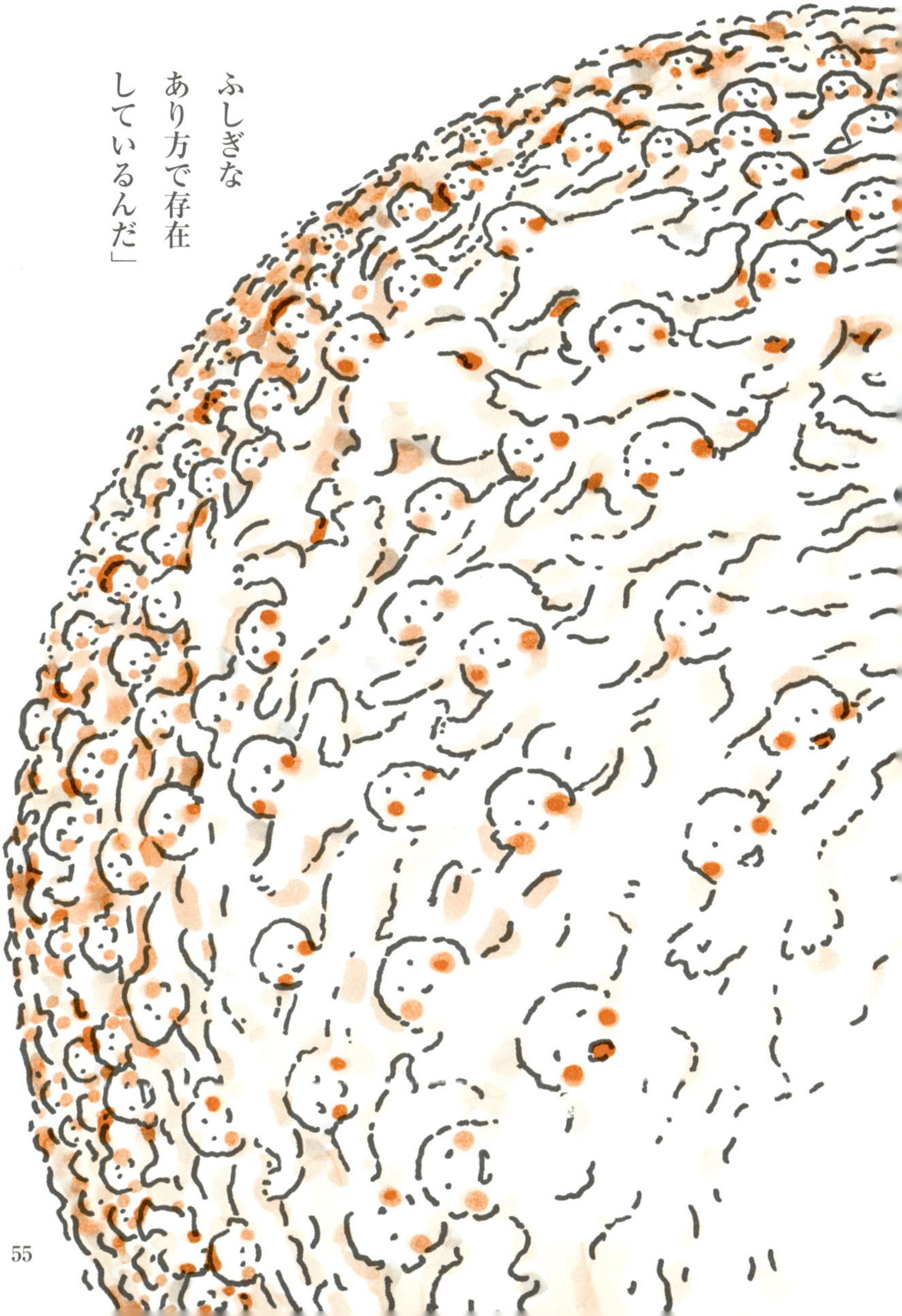

「シャーリープトラくん、
このハンニャハラミツの
大きな海が
わたしたちの
中にある。

だから、
わたしたちはこの身このままで
宇宙の全体と一体になり、
さとりに至ることができるんだ。
いや、じつはわたしたちは、
はじめっから
さとりの宇宙全体と
一体だったんだし、
はじめっから
さとりに至っていたんだよ。
ただ、そのことを身をもって
知らなかっただけなんだ。
これをもう一度
いうとね…」

色《しき》即《そく》是《ぜ》空《くう》

色はすなわちこれ空

このわたしというものも、
この物質的な世界も
たえずうつろいゆく
波のようなもの
なのです。
しかし、それらは
ただむなしいだけの
ものではありません。

波が
海そのものと
別のものでは
ないように、
それらは
ハンニャハラミツ
という大いなる実在と
別のものではないのです。

空《くう》即《そく》是《ぜ》色《しき》

空はすなわちこれ色

その大いなる
ハンニャハラミツの
あらわれが
わたしたちという存在、
わたしたちの
世界。

わたしたちの
この小さな身体は、
そのまま宇宙全体に広がる
ハンニャハラミツであり、
さとりそのものだったのです。

受《じゅ》想《そう》行《ぎょう》識《しき》　亦《やく》復《ぶ》如《にょ》是《ぜ》

受・想・行・識またまたかくの如し

このことは、
色や形の世界だけでなく、
この世界やわたしたちを
形づくっている
感覚とか、

イメージとか、

意志とか、
認識といった
心の働きの世界に
ついても同じこと。

つまり、
体も、心の要素も、みんな
ハンニャハラミツの大海の
おもてに立つ波なのであり、
そのハンニャハラミツの
あらわれだったのです。

真実のすがた

舎利子《しゃりし》　是諸法空相《ぜしょほうくうそう》

舎利子よ、この諸法は空相にして

シャーリープトラくん、
現実のこの世界を
成り立たせている
ものごとはすべて
大海の表面の
ひとつひとつの
波のような
もの。

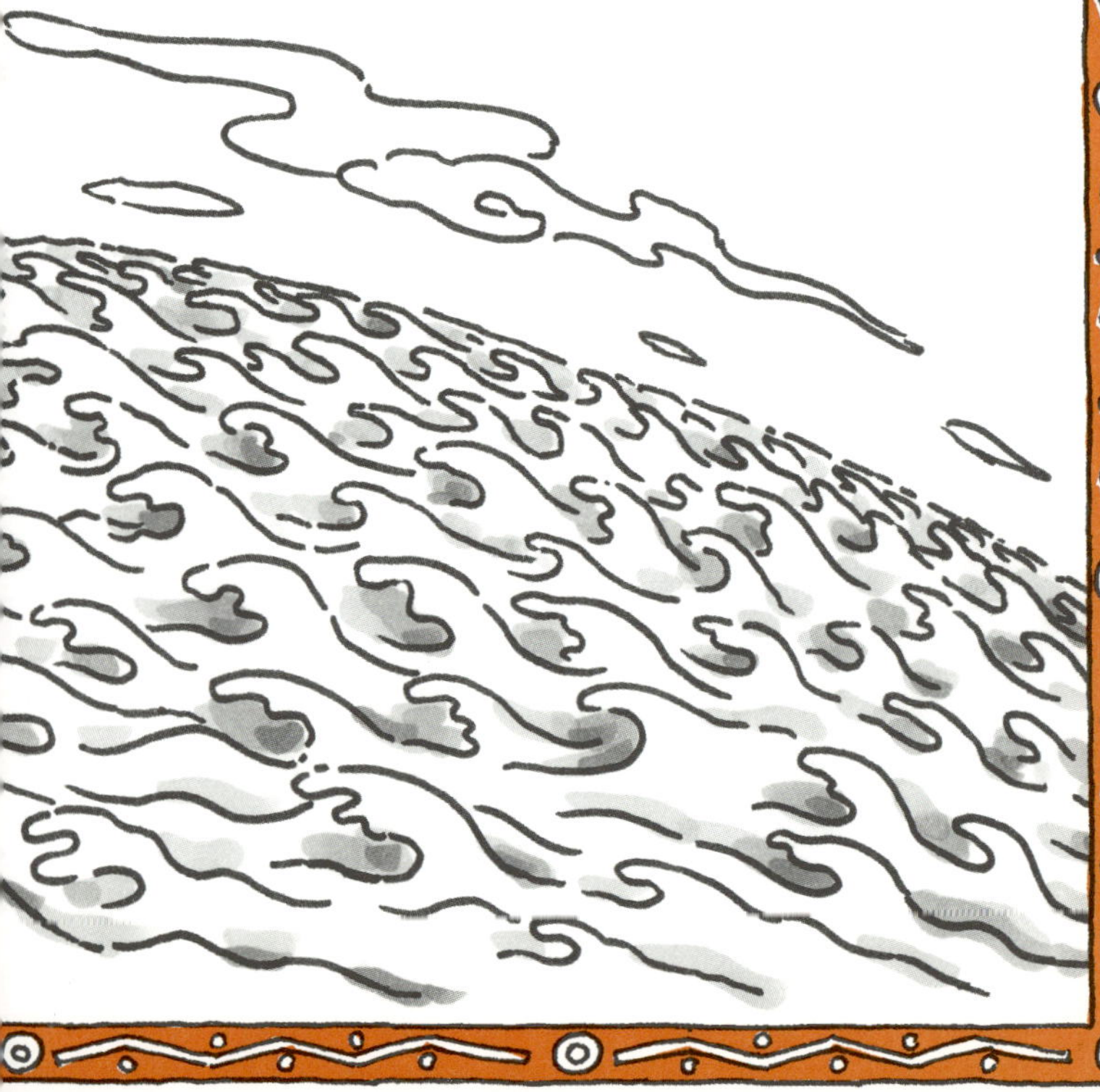

しかし、
その波である
ということは、
逆に見るなら
大海そのものでもある
ということなのです。

不《ふ》生《しょう》不《ふ》滅《めつ》

生まれず滅せず

わたしたちは
この世に生まれ
また死んで
ゆきます。

それは
この大海の
ひとつの波が
生まれ、
また
消えてゆく
ようなもの。

しかし、
その大きな海そのものは
生まれることも
消え去ることも
ありません。
この大海こそが
わたしたちの
本体なのです
から、

わたしたちは
じつは最初から
生まれることもなく、
消滅《しょうめつ》することもない、
そういう存在
だったのです。

「シャーリープトラくん、
たとえば、人間が死を恐れるのは
自分がなくなったらすべてが終わり、
無になると考えているからなんだ。
でも、それは波の形だけを
見ているようなものなんだね。
生きている間だけがすべて
なんて考えているうちは
死の恐怖からのがれることは
けっしてできないだろう。
もし、自分というものが
表面の波のひとつに
すぎないのではなく、
その大きな海そのもの
なんだということが
本当に分かったなら、

わたしたちは
自分の死を目の前にしても
あわてたり恐れたりする
ことなく、安らかでいる
ことができるはず
なんだよね」

不《ふ》垢《く》不《ふ》浄《じょう》

垢《あか》つかず、浄《きよ》からず

心の
みにくく汚れた姿と
美しく清らかな姿とは
波の形の違いの
ようなもの。

どちらも
ハンニャ
ハラミツの
大海の表面に
立つ波なの
ですから、
その本体に
違いは
ないのです。

「欲望にとらわれた人間の醜《みにく》い姿と
さとりを求める人の清らかな姿とは
まったく正反対に見えるけれど、
どちらも同じハンニャハラミツの
大海の永遠の動きなんだ。
欲望の心も、さとりの心も
ひとつの真実のあらわれなんだね。
欲望をいちがいに悪いもの
汚れたものと決めつけていたら
この世の深い真実はつかめない。
善悪という人間の基準からだけ
ではなく、もっと広く大きな
ハンニャハラミツの
海そのものから
眺《なが》めてこそ、

わたしたちが
生きることの
真実の姿は
つかめるん
だね」

不《ふ》増《ぞう》不《ふ》減《げん》

増さず、減らず

わたしたちは日ごろ
価値の世界に
生きています。
評判や名声が
上がったり下がったり、
財産が
増えたり
減ったり。

しかし、
それらも
波が大きく
なったり
小さく
なったりする
ようなもの。

海そのものは
まったく
増えも
減りも
していません。

わたしたちの
本当の自分
である
ハンニャ
ハラミツの
真実の世界は
永遠に
増えることも
減ることも
ないのです。

「シャーリープトラくん。
わたしたちって、ふだん
自分にとって価値のあるものが
増えた減ったといって
喜んだり悲しんだりしている。
自分の評価や財産や幸福を
人と比べ、その増減を気に
しながら生きているわけだよ。
でもね、それはわたしたちが
世界のほんの表面だけを見て、
それにとらわれ右往左往
しているだけなんだ。
この深いハンニャハラミツの
世界から見れば、それらは
すべてマボロシにすぎない。

ハンニャハラミツの世界に
入るということは
そういうとらわれを
離れて、真の安らぎの
中にいるという
ことなんだね」

是《ぜ》故《こ》空《くう》中《ちゅう》　無《む》色《しき》

この故に空の中には色もなく

このようにすべては
ハンニャハラミツの
海のおもてに立つ波に
すぎないのですから、
その立場から見るなら
疑いようもなく確実に
存在しているように
見えるこの現実世界の
色や形は

真実には
そのように確実な
ものとして存在して
いるものでは
ないのですし、

無《む》受《じゅ》想《そう》行《ぎょう》識《しき》

受・想・行・識もなし

わたしたちの
心を構成
している
感覚や
思考や
意志や
認識
なども

本当は
自分が思っているような
確かなものではない、
たとえていえば
夢やマボロシのような
ものなのです。

無《む》眼《げん》耳《に》鼻《び》舌《ぜつ》身《しん》意《い》

眼・耳・鼻・舌・身・意もなく

日ごろ
わたしたちが
それに信頼している
目、耳、鼻、
舌、からだ、心
という感覚器官も

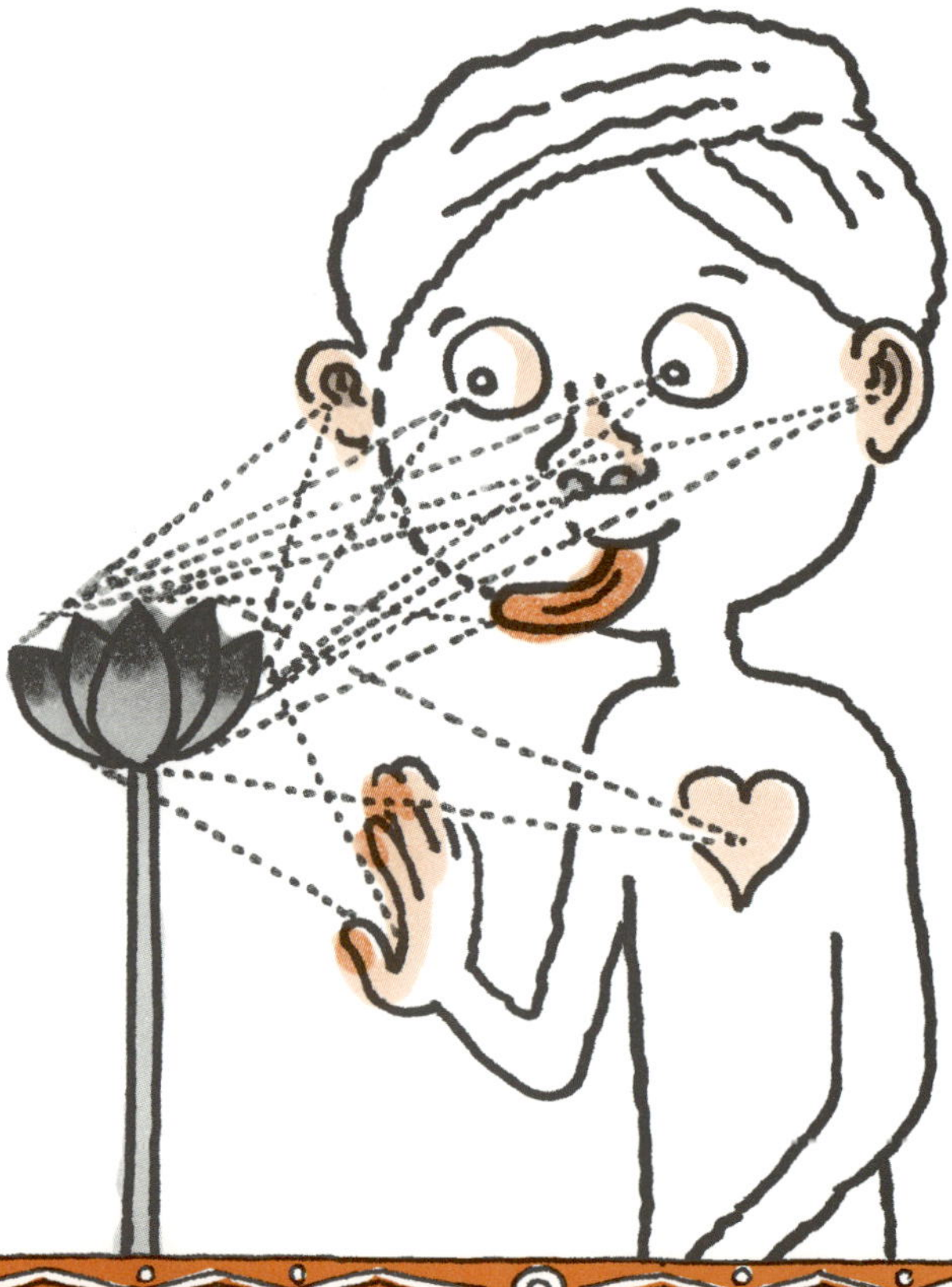

じつは
なんら
確実なもの
ではなく、

無《む》色《しき》声《しょう》香《こう》味《み》触《そく》法《ほう》

色・声・香・味・触・法もなく

その目や耳などが
見たり聞いたりする
色や形、音や声、
香り、味、肌ざわり、
観念も

わたしたちが日ごろ
感じ、考えているように
確かなものでは
ないのです。

無《む》眼界《げんかい》　乃至《ないし》無《む》意識界《いしきかい》

眼界もなく　ないし意識界もなし

感覚や意識をとおして接する
ものの世界や心の世界、
つまりわたしたちが包まれ、
その中で生きている
この現実世界というものも、
そのようなものとして
確実にあるのではなく
いわば夢やマボロシの
ようなものなのです。

「シャーリープトラくん、
わたしたちは日ごろ
自分や身の回りのものを
自分の感覚や思考で
それぞれに切り分け、固定して、
その見聞きし考える限りの世界の中で生きている。
そして、それが世界の唯一の
正しいあり方だと信じて疑わない」

「けれども、わたしたちが瞑想《めいそう》の立場、
つまりハンニャハラミツの立場から
見るならば、この世界は真実には
そのようにきっちりと区別され、
固定されたものではなくて、
なにかつかまえどころのない、
なにかもっと深いものとして
見えてくるんだよ」

「そして、わたしたちがさらに
その瞑想《めいそう》を深め、感覚や心を静めて
ハンニャハラミツの海に深く深く
とけ込んでいくなら、
現象世界という波はしだいに
静まり、ついには消え失せ、
ただ、ハンニャハラミツの海だけが
輝き広がっている、そういう
境地《きょうち》があらわれてくるんだ」

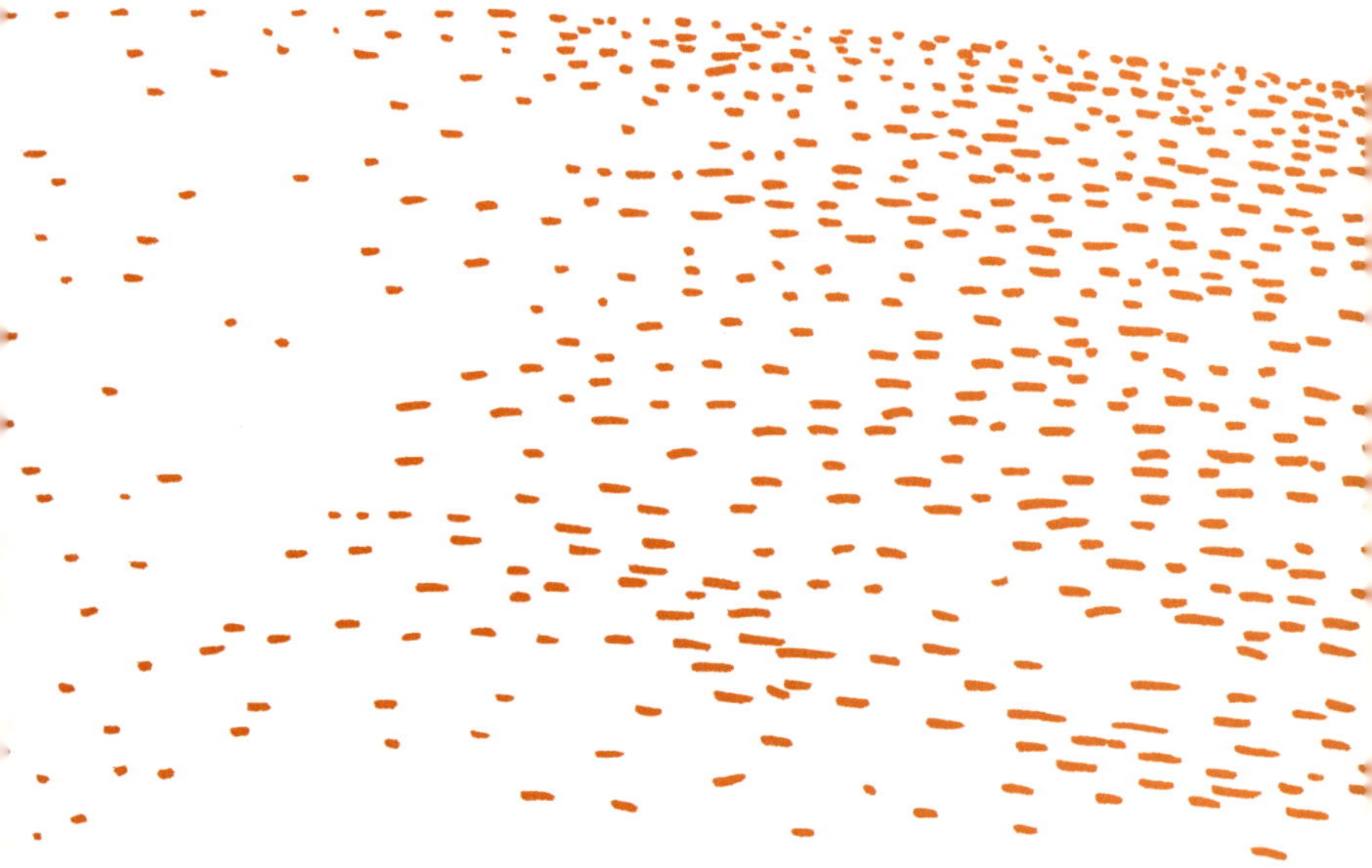

「シャーリープトラくん、
わたしたちが確かだと思って
いるこの感覚や思考の世界は、
その固定観念をはずしてみれば、
それとは別のまったく新しい
姿をあらわしてくる。
わたしたちの見方によって
世界は変わるんだよ。
そうしてみればきみも
分かることだろう。
この世界のものごとはすべて
海の上に立つ波のようなもの、
夢やマボロシのようなものだと
いうことが。実体のあるものは
何ひとつないんだよ。

あるのはただひとつ、
このハンニャハラミツの
大海だけなんだ」

欲望とさとり

「かんのんさま、
ひとつ質問があります」
「なにかな？」

「実体はないといっても、
でも、やっぱりこの世界は
ありますよね」
「ありますね」
「お釈迦《しゃか》さまは、この世界のことを
苦しみの世界だって説いて
いらっしゃいます」

「そして、その苦しみの世界の
おおもとは『無明《むみょう》』だと
おっしゃっているんですよね…」

「たしかに…、しかし、
シャーリープトラくんは
その『無明』って
どんなものだと
理解しているの？」

「えーと、
ぼくが理解して
いるところでは、
『無明《むみょう》』というのは
ことばの上では
『知らない』という
ことですが、
それはじつは
宇宙全体を運ぶ
大きな恐ろしい
力のことなんです。

その巨大な力が
わたしたちの世界の
もとにあって
わたしたちを
生み出し、支え、
そして
いやおうもなく
私たちの世界を
苦しみの世界として
どこまでも
運んでいくのです」

「その無明《むみょう》という知られざる力のことを
お釈迦《しゃか》さまは別のことばで
のどの渇《かわ》きのような激しい欲望、
『渇愛《かつあい》』とおっしゃっています。
その渇愛とは宇宙的な
欲望ともいうべき
もので、

その巨大な欲望の力が
永遠の昔から、
わたしたち一人一人の奥底に、
わたしたちの日常の意識が
とどかない深い深い奥底に
ごうごうと流れているのです」

「この『無明《むみょう》』という
激しい欲望が
あるからこそ、
わたしたちは
この世界、
すなわち
愛と欲望、
よろこびと
悲しみの
世界の
中で

永遠に
生まれては死に、
死んでは生まれる
輪廻《りんね》のあり方を
つづけなければならないのです。
そして、お釈迦《しゃか》さまはこのような
世界のあり方を苦しみであると
おっしゃったのですね」

「さすがシャーリープトラくん。
そのとおり。わたしもそのように
理解しているよ」

「でも、かんのんさま、
この世界の根本である無明《むみょう》と、
ハンニャハラミツとは
どういう関係なんですか」

「じつはね、
無明と
このハンニャハラミツは
まったく同じものなんだよ」

「えーーっ?!」

「え？…え？…え？…どういうこと？
欲望のおおもとと
さとりが同じだなんて…
まったく正反対のものなのに…」

「たしかにきみが
おどろくのも無理はない。
でも、ここにこそ
宇宙の深い真実があるんだ。
それは、じつはこういうこと
なんだよ」

無《む》無《む》明《みょう》　亦《やく》無《む》無《む》明尽《みょうじん》

無明もなくまた無明の尽きることもなく

ハンニャ
ハラミツの
大海というのは
無明《むみょう》の世界より
さらに大きく
さらに深く、

無明の世界を
包み込んで、
静まりかえって
います。

じつに
無明《むみょう》の
激しい流れは、
その激しい流れ
そのままに

深く
静かな
ハンニャ
ハラミツの
智慧《ちえ》の大海
なのです。

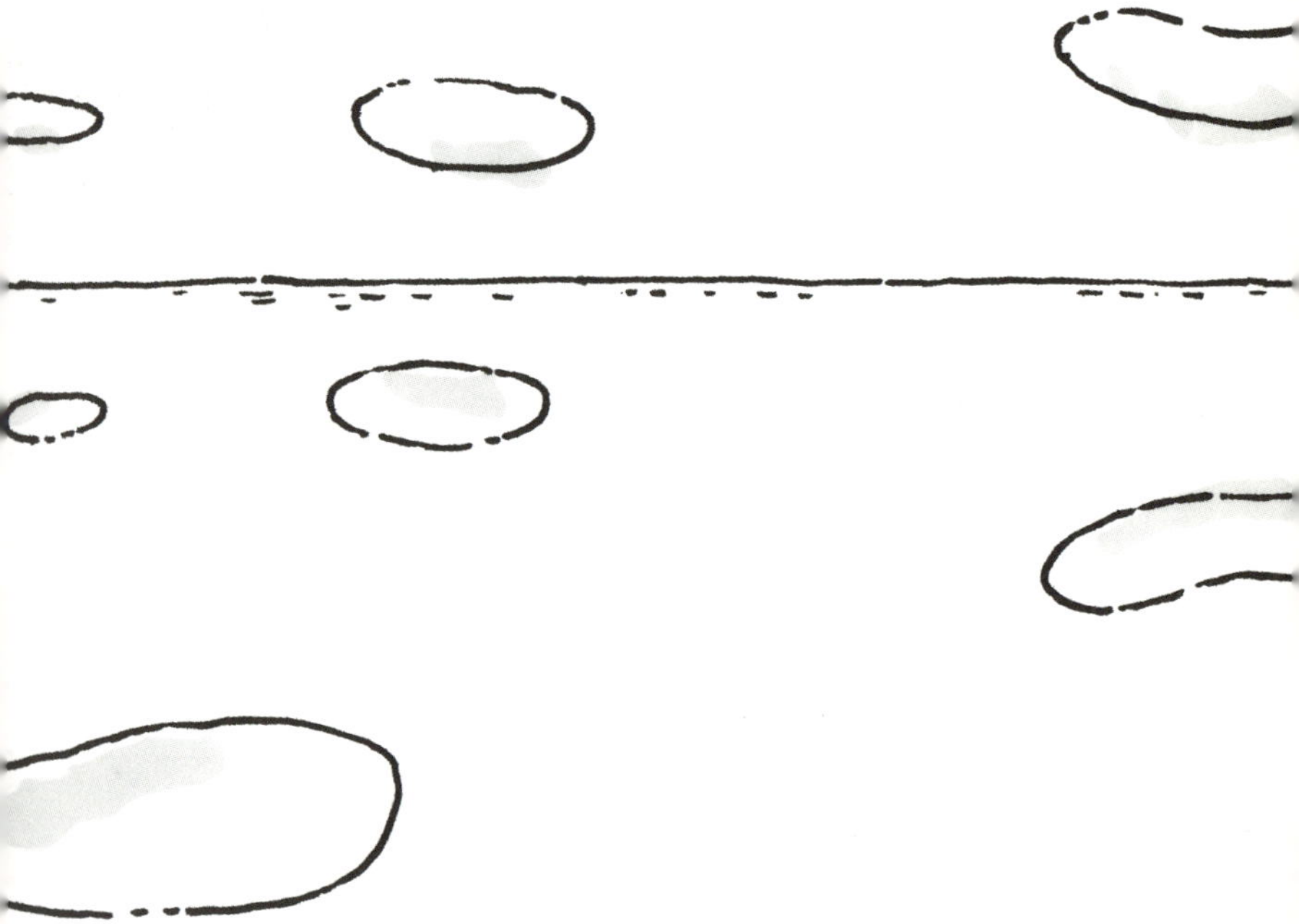

つまり
無明《むみょう》
そのものが
さとり
なのです。

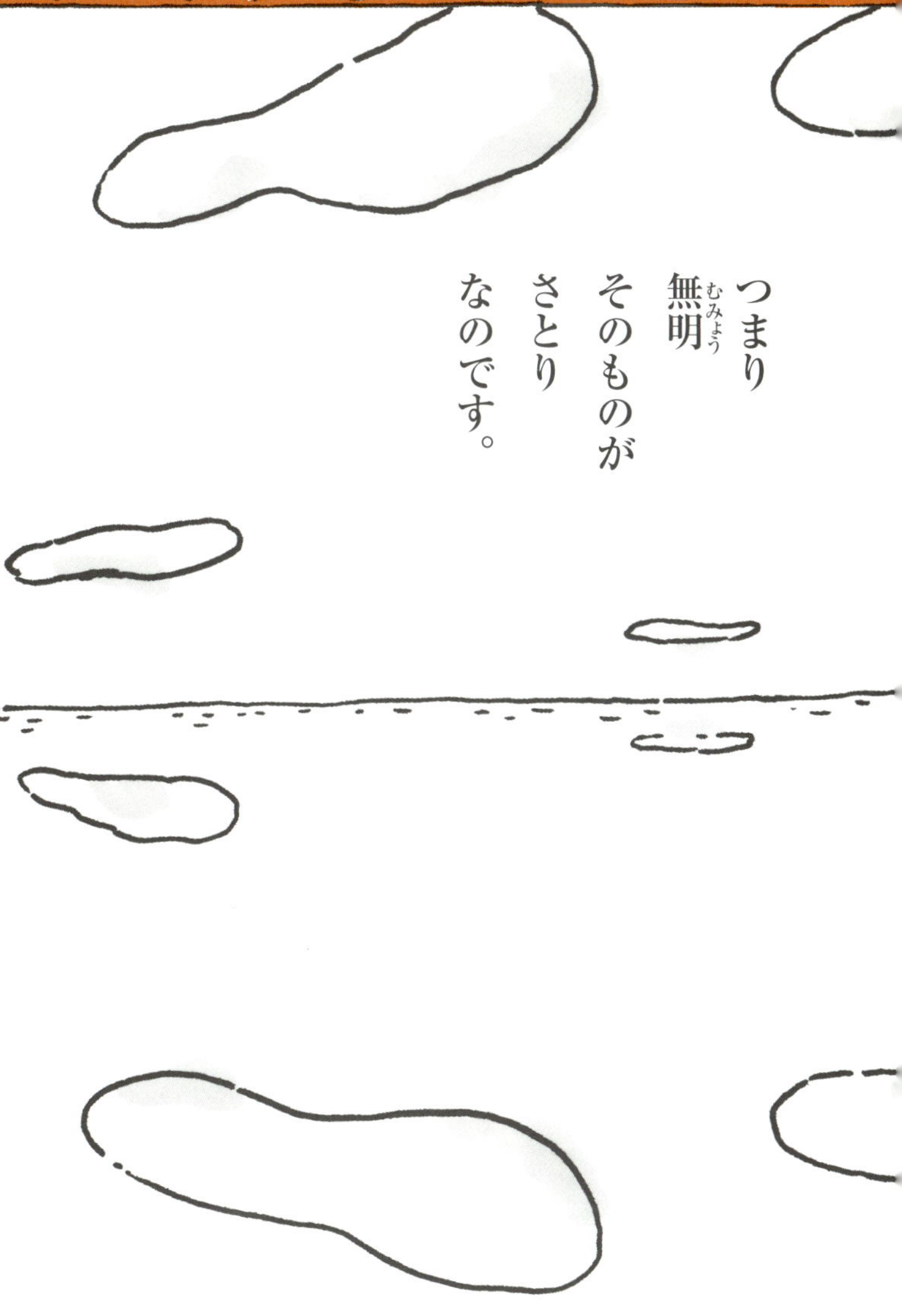

だから
この世界と
いうのは、
はじめから
無明《むみょう》などない、
すべてはさとり
なのだとも
いえるのですし、

逆に
無明の世界が
さとりの実体として
永遠にありつづける
ともいえる、
そういう世界
なのです。

乃至《ないし》無《む》老《ろう》死《し》　亦《やく》無《む》老《ろう》死《し》尽《じん》

ないし老死なくまた老死の尽きることもなし

そうしてみれば、無明《むみょう》からはじまり
老死に至るわたしたちの
苦しみの現実こそが
そのままさとり
なのですし、

逆にいえば
さとったといって
無明から老死に至る
人間の苦しみの現実が
なくなるわけでもないのです。

「シャーリープトラくん、この
ハンニャハラミツの海の底から見れば、
欲望にもとづく人間の苦しみの世界は
すべて肯定される。
どんな苦しみも悲しみも
どんなに醜《みにく》いものも汚いものも
すべてただひとつの真実の
その時々のすがたとして
受け止められるんだ。
何も変えなくていい。
何も改めて始めなくていい。
苦しみのままにわたしたちは
そのまんまで真実のさとりを
生きているのだし、すでに
救われているんだよ」

「そうか…
かんのんさまが
はじめに、
すべての苦しみから
解放されていたと
いわれたことって
このことだったの
ですね」
「そうなんだよ」

無《む》苦《く》集《しゅう》滅《めつ》道《どう》

苦・集・滅・道もなし

このように、
わたしたちの世界は
無明《むみょう》の面と
ハンニャハラミツの
さとりの面、
という二つの面が
まったく同じである
という世界なのです。

お釈迦《しゃか》さまは
人々に対して
この世界を
無明の面から見て、
『この世は苦であり、
苦は欲望から生まれる。
その欲望の滅こそが
人間の理想であり、
そこには正しい修行の
道によって至る』
と、お説きになりました。

けれども、本当は
お釈《しゃ》迦《か》さまはこの深い
ハンニャハラミツの大海の
その深い底から
世界をながめて
おられるのです。

そこから見るなら、
人間の苦しみも欲望も
さとりのすがたなのですし、
このさとりの世界を生きること
以外に理想の境地《きょうち》とか、
修行の道があるわけでは
なかったのです。

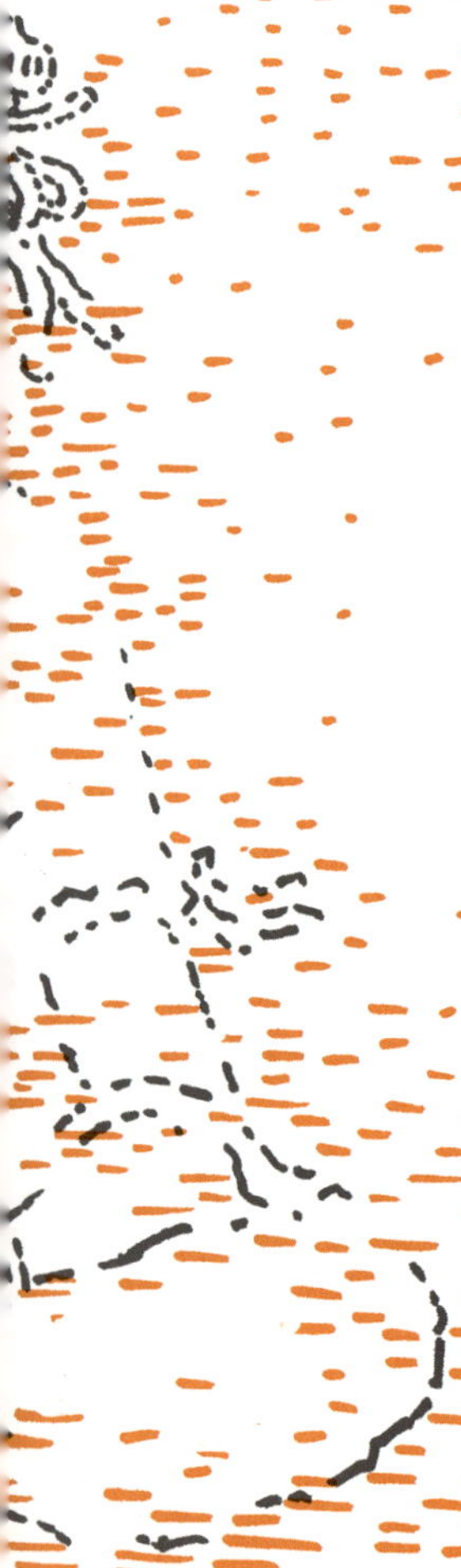

わたしが見ているのも
そのハンニャハラミツの世界。
それをわたしは
ハンニャハラミツの智慧《ちえ》で
見ています。

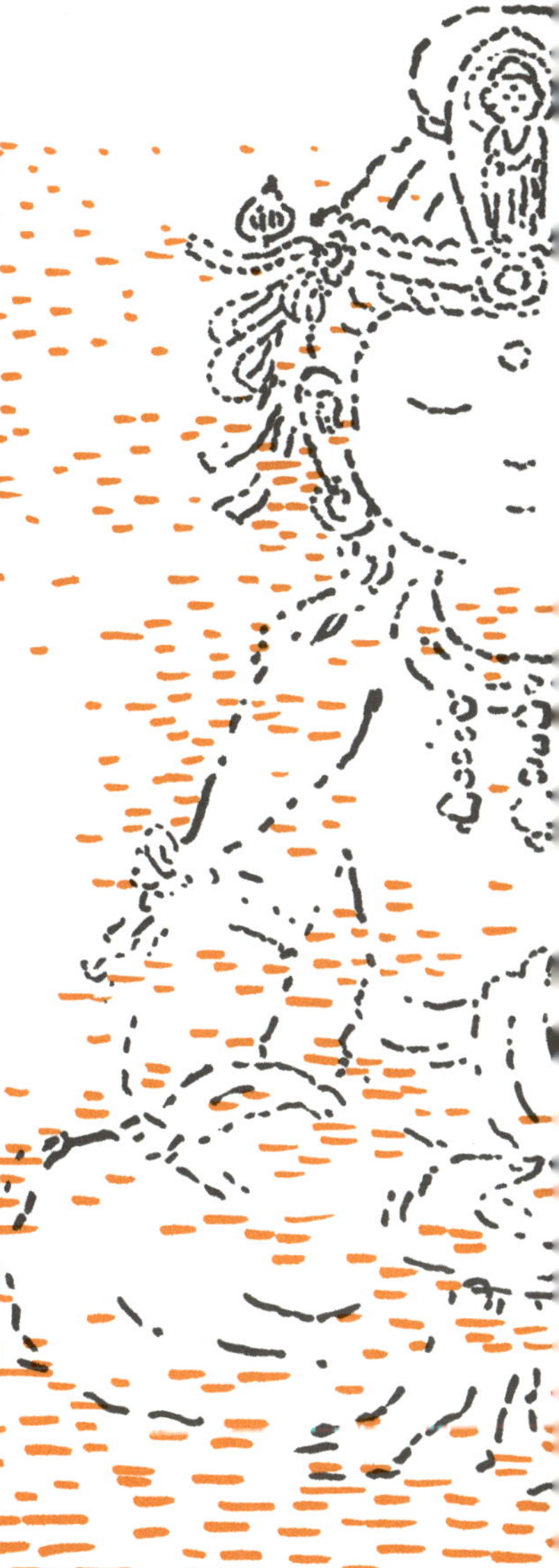

すべてがひとつである
ハンニャハラミツの大海こそ
さとりそのもの。
それがじつは
お釈迦《しゃか》さまのさとり
そのものだったのです。

そして、その同じ
ハンニャハラミツの大海が
シャーリープトラくん、
きみの心の奥底にも
はじめっから
存在しているのです。

「ひゃーっ、
この世界ってそういうもの
だったんですか」
「そうなんだよ。
いい方は反対のようでも、
お釈迦《しゃか》さまがいわれたことも
わたしが今いったことも
同じハンニャハラミツの
ことだったんだ」

「でも、かんのんさま、
わたしたちが住んでいる
この世界って、どうして
無明《むみょう》の世界がそのまま
ハンニャハラミツの
さとりの世界だなんて
ふしぎなことに
なっているんですか？」
「それはね、
この宇宙全体が
ひとつの生命《いのち》だから
なんだよ」
「生命《いのち》？ですか」

「そう。
シャーリープトラくん、
わたしたち人間のよろこびや悲しみ、
楽しみや苦しみのすべては
無明《むみょう》という大きな欲望に
もとづく波立ちだけれど、
じつはそれらは
この宇宙全体をその身体とする
たったひとつの大きな生命《いのち》の
たえざる動きなんだよ。
この世のすべては偉大な生命《いのち》の
生きた活動なんだよ。

この大きな生命《いのち》そのものが
ハンニャハラミツなのであり、
その生命《いのち》の力のことを
お釈迦《しゃか》さまは『無明』という
言葉でいわれたんだよ」

「かんのんさま、じゃあ
生きとし生けるものはすべて
大きな生命《いのち》の活動の一部として
無明《むみょう》の世界を苦しみながら
生きるものなんですね」

「そう。そしてそれは、
宇宙の一部であると同時に
宇宙全体であるハンニャハラミツを
生きる真実の姿でもある。
だからこそ、わたしたちが
それぞれの苦しい人生、つまり
無明の世界を歩み通すことに
意味があるんだ」

「だけど、かんのんさま、
いくら苦しみが真実だといっても、
わたしたちはそれを実感する
ことができないし、苦しみは
やっぱり苦しく切ないですよ」
「そうなんだよ。
だから、わたしたちはもともと
真実を生きているといっても、
本当の幸せ、安らぎ、真実を
探し求めなければならないんだ」

「そして、シャーリープトラくん、
もうわかるよね。
もしそれを求めるとしたら、
何をどこに求めたらいいのか」
「はい。
自分自身の中にある
ハンニャハラミツです」

すべてをまかせて

無《む》智《ち》亦《やく》無《む》得《とく》

智もなくまた得もなし

この心の奥底にある
ハンニャハラミツの世界は
わたしたち人間の知力で
理解できるものでは
ありません。

また、
具体的な
ものとして
とらえたり、
表現できる
ものでも
ないのです。

以《い》無《む》所《しょ》得《とく》故《こ》　菩《ぼ》提《だい》薩《さっ》埵《た》

得るところなきをもっての故に　菩提薩埵は

それは
わたしたち人間の
はからいを
はるかにこえた
広く深い智慧《ちえ》そのもの
なのですから、
人がそれをさとろうと
するならば、
ただひたすら

依《え》般《はん》若《にゃ》波《は》羅《ら》蜜《みつ》多《た》故《こ》

般若波羅蜜多に依《よ》るが故に

あなたの心の
奥底にある
その広く深い
ハンニャハラミツの
大海に、

信頼して
そのただ中に
みずからを
投げ入れる
ほかないのです。

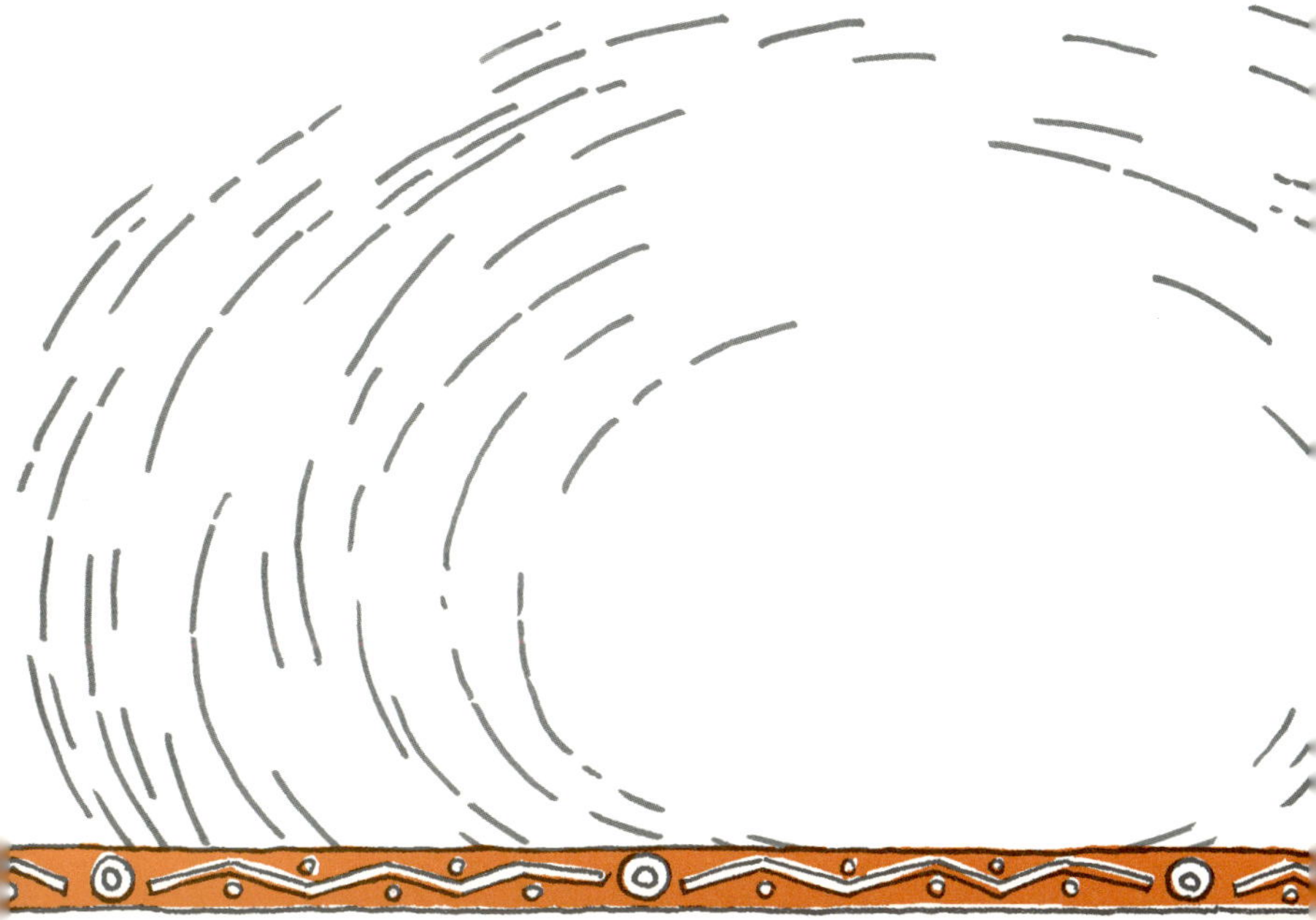

身も心も
なげだして、
このハンニャ
ハラミツの
大海に
すべてを
まかせ、

その
大きな海と
完全に
ひとつに
なるのです。

心《しん》無《む》罣《けい》礙《げ》

心に罣礙なし

わたしたちは日ごろ、自分というオリ、
自分の身体、自分の思考というオリ、
さらには空間と時間の世界という
オリにがんじがらめに
とらわれていますが、
ハンニャハラミツの大海に
とけこんでいくにつれ、

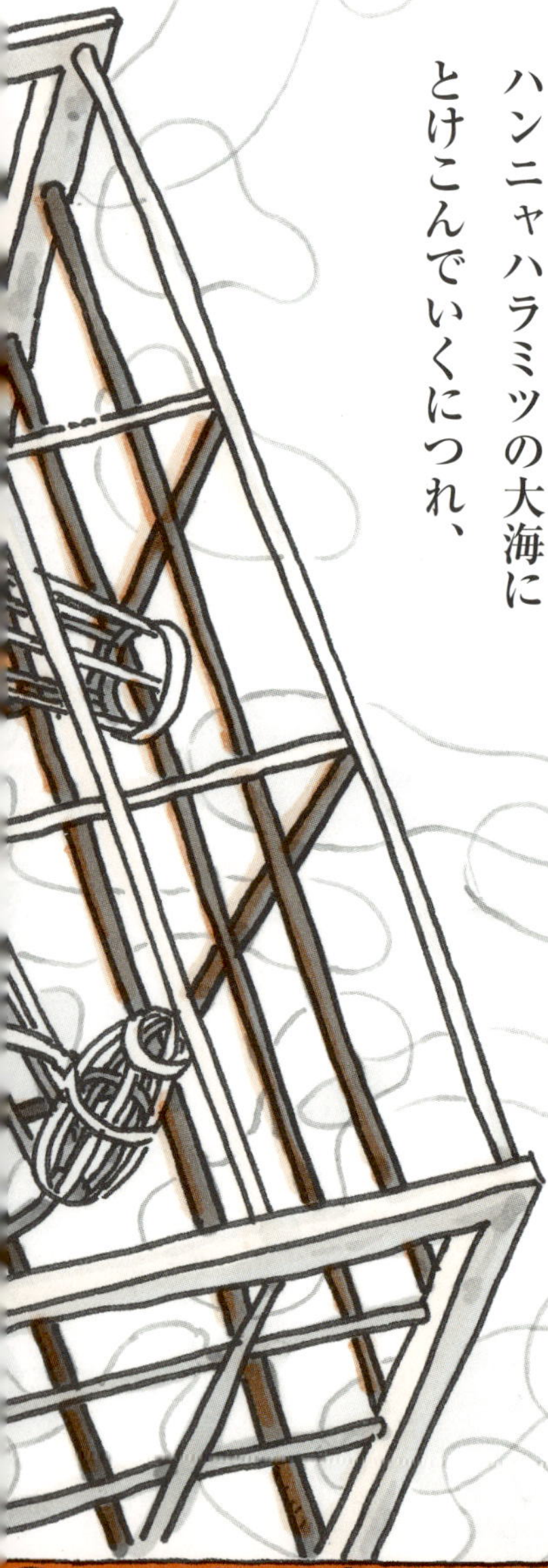

いくえにも
わたしたちをしばりつけ、
さまたげていたそれらのオリが
だんだんにはずれていきます。

無《む》罣《けい》礙《げ》故《こ》　無《む》有《う》恐《く》怖《ふ》

罣礙なき故に恐怖あることなし

心のさまたげがなくなり、
そのしばりつけがなくなると、
自分がこの世にあることの
恐れからも解放され、
こころはおのずと
自由になります。

遠離《おんり》一切《いっさい》顛倒《てんどう》夢想《むそう》

一切の顛倒夢想を遠離して

このハンニャハラミツの
大海の底に深く沈んでいくと、
今まで自分をしばってきた、
今までリアルだった
日常世界のわずらいのすべてが、
まるで
夢かまぼろしのように
むなしいものに
思われてきます。

迷いの波は
しだいにおさまり、
やがてすべてが

まるで
まぼろしのように
消えてしまって、
大海は静まりかえり、

究《く》竟《きょう》涅《ね》槃《はん》

涅槃を究竟す

完全に
解放された
さとりの境地《きょうち》に
入るのです。

三世諸佛《さんぜしょぶつ》

三世の諸仏は

過去・現在・未来の
すべての仏さまは
ボサツであったとき、
さとりを求めて

依般若波羅蜜多故

般若波羅蜜多に依るが故に

みな
この心の奥底の
ハンニャハラミツの
大海に身を投じ、
その深みに分け入り、

得《とく》阿《あ》耨《のく》多《た》羅《ら》三《さん》藐《みゃく》三《さん》菩《ぼ》提《だい》

阿耨多羅三藐三菩提を得たまえり

ハンニャハラミツの
大いなる海そのものと
ひとつに
なることに
よって

この上ない
完全なるさとりを
開かれたのです。

「でも、かんのんさま、わたしたちが
そのハンニャハラミツの大海に
飛び込むとしたら、じっさいには
どうしたらいいんですか？」
「それはこの般若心経《はんにゃしんぎょう》に説く
聖なる真実の言葉、
すなわち…

『ぎゃーてーぎゃーてーはーらーぎゃーてー
はらそうぎゃーてーぼうじそわか』という
マントラを唱《とな》えればいいんだよ」
「えっ？それだけで、真実の
世界に入れるんですか？」
「そう、それだけでいい」

「なんでだろ…」
「なぜなら、そのマントラが
ハンニャハラミツそのもの
だからさ」
「はあ？」

「いいかいシャーリープトラくん、
ふつう、言葉というのは何かを
指し示すものだ。たとえば
〈ハスの花〉という言葉は
このハスの花を
指し示している」
「そうですね」

「これに対して、マントラというのは
その言葉自体が、指し示すもの
そのものなんだ」
「はあ？？」

「たとえば〈ハスの花〉という言葉が
マントラだとしたら、その〈ハスの花〉
という言葉と、本物のハスの花とは
まったく同じものになる」
「え？え？どういうこと？」

「逆のいい方をするなら、
〈ハスの花〉といったとたんに、
そこに本物のハスの花がぱっと
あらわれるということ
なんだよ」

「かんのんさま、それって
たとえですよね」
「もちろん。ふつうの言葉では
ありえないことだからね。
でも、真実の言葉
マントラというのは
そういうものだと
いうことさ」

「シャーリープトラくん、
『ぎゃーてーぎゃーてー
はーらーぎゃーてー
はらそうぎゃーてー
ぼうじそわか』
という般若心《はんにゃしん》経《ぎょう》のマントラは、
このような真実の言葉であり、
その言葉自体がハンニャ
ハラミツなんだよ。

だから、このマントラを唱《とな》えた
とたん、そこにハンニャ
ハラミツがパッとあらわれる。
その時、唱えた人は
ハンニャハラミツの大海の
真ん中にいるんだ」
「かんのんさま、そんなふしぎ
本当にあるのですか？」
「真実の言葉、マントラに
おいては、このふしぎが
現実にある。
それはこの世界の、
わたしたちの生命の
あり方のふしぎさに
もとづいているんだね」

大いなる母

「シャーリープトラくん、
想像してみてごらん。
もし生まれたばかりの
言葉も話せない赤ちゃんは
さみしいとき、
お腹がすいたとき、
おむつがぬれたとき
どうするだろう」
「そりゃ、泣いてお母さんを
呼ぶと思います」
「そう、泣いて呼ぶんだよね。
そうすると、お母さんはきっと
すぐにかけつけてくれる。

赤ちゃんはお母さんに
抱かれて、顔を見て、
おっぱいを飲んで、
ほんわかして安心する」
「はい…　それがなにか?」

「シャーリープトラくん、
じつはね、
このハンニャハラミツの
大海は一人の
大きな大きな
お母さん
なんだよ」

「え……」

「さっきわたしは
さとりにおいて
ハンニャハラミツの
大海と一体になった
というふうに
いったけど」

「そのとき、わたしは
その大きなお母さんの
胸にいだかれていたんだ、
この上ない安らぎの中で…。
このお母さんこそ、
すべての仏の母、
あらゆる生命の母、
宇宙を包む大いなる母、
ハンニャハラミツなんだ」

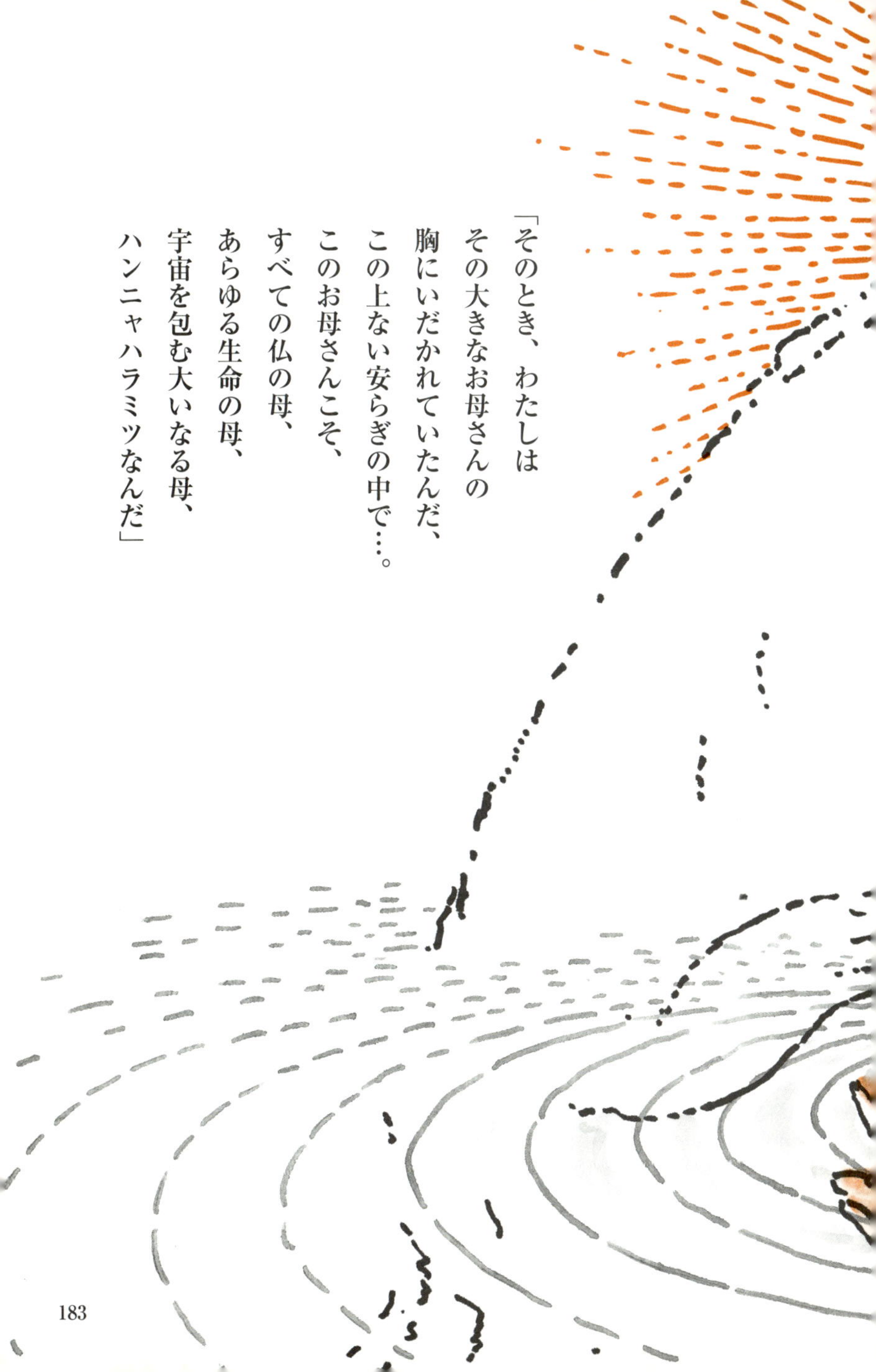

「般若心経《はんにゃしんぎょう》に説く
マントラは
この大いなる母
ハンニャハラミツを呼ぶ
マントラなんだよ。

まるで、赤ちゃんが
お母さんを呼ぶような。
そのマントラを
唱《とな》えたとたん、
大いなるお母さんは
唱えた人のところへ
すぐに来てくれる。
まるで、赤ちゃんのもとに
かけつけるお母さんのように」
「それぞれの人にですか？」
「そう、一人一人の
ところに。もちろん
シャーリープトラくん、
きみのところにも」

「いいかい、
もともとわたしたちは
だれでもみんな
この大いなる母の胸に
抱かれ、その愛に
包まれて生きている、
深い安らぎの中で。
わたしたちはみな
大いなる母の
赤ん坊なんだよ。

しかもそれと
まったく同時に、
わたしたちは
一人一人が
大いなる母に
たった一人で
抱かれ、その
優しい愛の
すべてを一身に
集める一人っ子
でもあるんだよ」
「へー…」

「考えてごらん。
一人っ子のお母さんはその子を
全身全霊で愛するよね。
じゃあ、もし、
子どもが五人いたとしたら、
お母さんは五分の一の愛しか
そそがないだろうか」
「いえ、
そんなことはありません。
子どもが何人いたって
それぞれに一人っ子と
同じ愛をそそぐと思います」

「そうだろ。大いなる母
ハンニャハラミツも、
それとおんなじなんだよ。
わたしたちはそれぞれが、
大いなる母が全身全霊で
生み出した子どもだから、
どんなに愚《おろ》かでも
どんなに罪深くても
貧しくても醜《みにく》くても
一人っ子のように
お母さんは全身全霊で
愛してくれているんだ」

「わたしたちは
このような偉大な母
ハンニャハラミツの
一人っ子として今も
抱かれている。
けれど、
わたしたち人間は
そのことを知らない。
そのことを実感
していないから、

わたしたちにとって
大いなる母は遠い
遠い彼方《かなた》にいるんだ。
人間はお母さんを
見失った赤ん坊の
ようなものなんだよ。
ほんとは今も
抱かれているのに」

「シャーリープトラくん、
人間って、現実には
いろいろな欲望に従い、
いろいろなものを求めて
走り回っているけれど、
その人間的な欲望のあり方を
よーく観察してみると、
結局わたしたちって、
自分が見失っている
大いなる母のふところへ
帰ろうとしているんじゃ
ないのかな。人間はいつも
大いなる母をさがし求めて
いる赤ん坊なんだよ。

でも、
そういう人間の
あり方からすれば、
その大いなる母は
どんなにがんばっても
たどり着けない遠い遠い
彼方《かなた》にいるんだよ。
わたしたち人間は
なすすべがないんだ」
「じゃ、どうすれば
いいんだろ…」

「だから、呼ぶしかないんだよ。
赤ん坊がただ必死に
お母さんを呼ぶように」

「……」

「その呼びかけのことばが
般若心経《はんにゃしんぎょう》のマントラなんだ。
マントラを唱《とな》えるということは、
ただ言葉を口で唱えるなどと
いうものではない、それは
わたしたち人間にとって
その全存在をかけた
絶対の行為なんだ」

そりゃそうだよ。
すべてをかけて
呼んでいるんだもの
すごい

「そのマントラを唱《とな》えたら
大いなる母ハンニャハラミツは
愛する一人っ子のために
すぐかけつけてくれる。
ぱっとそこにあらわれてくれる。
わたしたちはその大いなる母に
抱かれ、限りなく広く深い
生命の海の中で安心して
安らぐことができるんだ」

「ふしぎですね…。
ぱっとあらわれるって…」
「それはそうさ。
だって、その大いなる母は
最初からわたしたちの
ところにいたんだから。
わたしたちを抱いていて
くれていたんだから。
このマントラは
自分の奥底にいる
その大いなる母に呼びかけ、

その大いなる生命の
全体に響きわたる
呼びかけなんだね。
だから、このマントラを
唱《とな》えればそれだけで
ハンニャハラミツは
ぱっとここにあるんだ」

「シャーリープトラくん、
これがわたしたちの生命の
真実だ。一番深い秘密だ。
お釈迦《しゃか》さまはこの真実を
知って仏となられた。
他の仏さまもこの真実を
知って仏となられた。
だから、ハンニャハラミツは
すべての仏のお母さんと
いわれるんだよ。

仏さまはみなそれぞれに
この大いなるお母さんに
抱かれておられる。
その、この上なく安らかな
境地《きょうち》のことをわたしたちは
涅槃《ねはん》というんだね」

故《こ》知《ち》般《はん》若《にゃ》波《は》羅《ら》蜜《みっ》多《た》

故に知るべし。般若波羅蜜多は

だからわかったでしょ、
シャーリープトラくん。
ハンニャハラミツに
到達するためには
ハンニャハラミツ
そのものである
このマントラを
唱《とな》えればいいのです。

是《ぜ》大《たい》神《じん》咒《しゅ》　是《ぜ》大《たい》明《みょう》咒《しゅ》　是《ぜ》無《む》上《しょう》咒《しゅ》　是《ぜ》無《む》等《とう》等《とう》咒《しゅ》

これ大神咒、これ大明咒、これ無上咒、これ無等等咒なり

これは
大いなるふしぎのマントラ、
大いなる智慧《ちえ》のマントラ、
この上ないマントラ、
比べるもののない
唯一最高のマントラです。

能除一切苦《のうじょいっさいく》　真実不虚故《しんじつふここ》

よく一切の苦を除く。真実にして虚ならざるが故に

このマントラは
真実の真言《しんごん》ですから
唱《とな》えれば
かならず
願いはかないます。
大いなる母は
すぐかけつけて
手をさしのべて
くれます。

わたしたちは
その手に抱かれ
母のふところに
飛び込めばいいのです。
すべてをあずけ、
すべてをまかせて。
そのとき
すべての苦しみは
消えているでしょう。

説《せつ》般《はん》若《にゃ》波《は》羅《ら》蜜《みっ》多《た》呪《しゅ》

般若波羅蜜多の呪を説く

大事なのは
よけいなはからいをすて、
赤ん坊のように
すべてを母に
あずけること。
ただそれだけ
です。

おま
ふんぎ
じゃ
ほん

即説呪曰《そくせつしゆわつ》

すなわち呪に説いていわく

そのマントラは
大いなる母
ハンニャハラミツに
このように呼びかけるものです。

「遠くにいますお母さん、
遠くにいますお母さん、
遠い彼岸《ひがん》にいらっしゃるお母さん、
彼岸で安らっていらっしゃるお母さん、
さとりそのもののお母さん、
ここに来て、私を胸に
抱きしめてください」

さあ、
わたしたちも
赤ちゃんに
なって
いっしょに
唱《とな》えましょう。

羯諦《ぎゃてい》　羯諦《ぎゃてい》　波羅羯諦《はらぎゃてい》　波羅僧羯諦《はらそうぎゃてい》

ギャーテー　ギャーテー　ハーラーギャーテー　ハラソウギャーテー

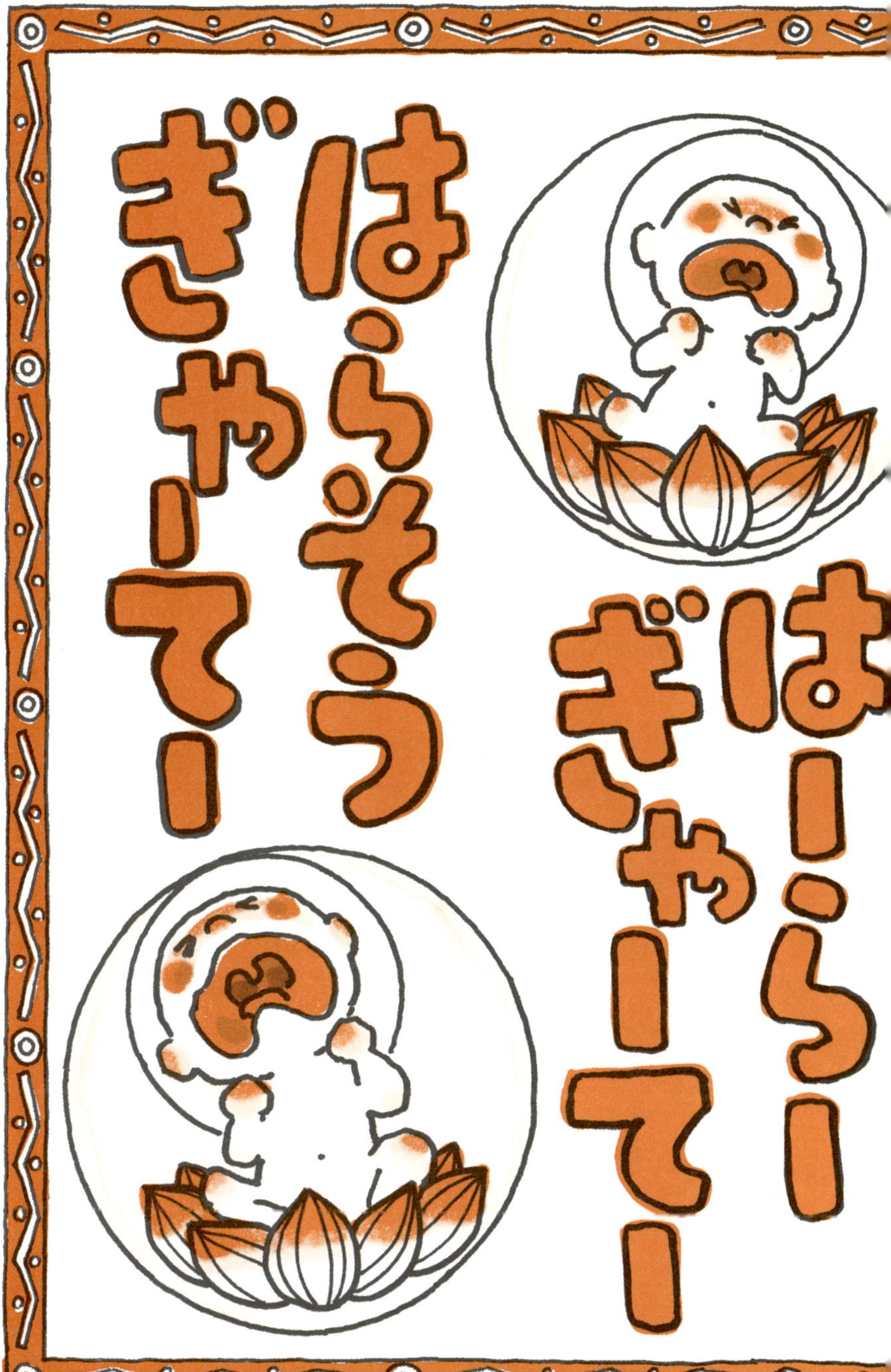
はーらーぎゃーてー
はらそうぎゃーてー

菩提薩婆訶《ぼじそわか》

ボウジソワカ

ぼうじそわか

ぎゃーてー
ぎゃーてー

はーらーぎ
はらそうぎゃーてー
ぼうじそわか

般若心経《はんにゃしんぎょう》を終わります。

絵と仏が一心同体

宗教学者　山折　哲雄

ゴム毬《まり》のようにはずむ「般若心経」ができ上った。赤ん坊の純真な心の万華鏡《まんげきょう》を映しだすような「般若心経」が誕生した。

これまで、こんな「般若心経」はこの世に存在しなかったと思う。むろん「般若心経」の解説書は、数え切れないほどの量にのぼる。そのことを私とて知らないわけではない。

けれどもこんどのこの「般若心経絵本」は、たんなる「般若心経」の解説書などではない。「般若心経」の核心に分け入って、それをみごとな絵心、優しい仏心でつかみ出している。衒《てら》いがない、技巧をこえている。だから、絵と仏が一心同体になっている。

「絵本」とは、うまいことをいう。この「絵本」はたんなるマンガではない。かぎりなくマンガにちかいが、マンガの半歩さきをいっている。なぜならこの「般若心経絵本」は、われわれの大宇宙をそのままに映し出すマンダラ世界のすぐそばまでにじり寄っているからである。

まるで、マンガ「般若心経」とマンダラ「般若心経」を両手でぶら下げているような工合である。その志のようなものが画面から立ちのぼってくる。その誇りのようなものが画面の背後にみちみちている。

それにしても、「般若心経」の精髄《せいずい》を赤ん坊の「おぎゃあ」とお母さんの笑顔のなかに融《と》かしこんだ手並みはなかなかのものだ。「般若心経」の「ぎゃーてー ぎゃーてー」が赤ん坊の「おぎゃー」と交錯《こうさく》して、何ともユーモラスな効果をあげている。

そのうえ、広々とした大海原のゆったりした光景、その内部から噴《ふ》きあげる大浪と泡の千変万化、――それが生きもののように美しく描き分けられている。宇宙と人間の心のかかわり合いがダイナミックに表現されている。

「般若心経絵本」は、かならずや人々の心をわしづかみにするだろう。「般若心経絵本」の誕生を心から喜びたい。

あとがき

「般若心経のマントラって赤ちゃんがギャーギャー泣いているみたいよね」

妻のその一言でこの絵本の核心は生まれ、これで出来るぞという確信が生まれた。すべてを生み出す母はまことに偉大なりである。

般若心経を水波の喩《たと》えを使って描くことができるのではないかと思ったのは学生時代のことだった。しかし空という冷たい哲学理論と、マントラという火の玉のようなエンジンを搭載《とうさい》したこの不思議なお経の絵本化は、僧侶であるからといって、絵本作家であるからといって簡単にできるような代物《しろもの》ではなかった。何度も立ち往生し、途方に暮れた。

それでも粘っているうちに、私は大きな幸運にめぐりあった。密教学者津田真一先生の『反密教学』『アーラヤ的世界とその神』という著作にたまたま出会ったのだ。それまでの仏教理解を一変させてしまうような衝撃的で独創的な内容をもったこの二冊の本によって、私は般若心経を理解する確かな糸口をつかむことができた。

さらに幸いなことに、私は津田先生から直接の指導を頂くことができた。先生はまったく見ず知らずの私のために貴重な時間を割《さ》いてくださり、私の草稿の一字一句に厳密な検討を加えてくださった。それは十数回、一年半に及んだ。おかげでこの絵本はふわふわしたものから形あるものとなり、専門的に見ても信頼するに足るものとなったと思う。この絵本は津田先生の力添えなくしてとうてい完成出来なかった。この場を借りて深く感謝申し上げたい。そして、日々真理の大海の真ん中ですさまじい格闘をされている先生に間近に接することができた体験は私にとって得難い宝となった。

この絵本は思いついてから二十五年、実際にラフを描き始めてから十年の年月がかかった。特にこの十年はうんうんうなりながら公園をぐるぐる回り、寝ても覚めても考え続けて、心この世にあらずというような毎日を過ごした。苦しかったが、今思えば最高に燃えていた夢のような日々だったように思う。

最後に、この絵本の企画にいち早く着目し、出版を誘ってくださり、完成まで奔走《ほんそう》してくださった小学館の山田武美さんには大変にお世話になった。また、宗教学者の山折哲雄先生からは過分な推薦の言葉を頂戴した。心から御礼申し上げたい。

二〇〇五年七月二十六日

諸橋　精光

デザイン	本作り空
プリンティングディレクション	中江一夫
制作	直居裕子
資材	苅谷直子
販売	新里健太郎
宣伝	庄野　樹
編集協力	檀上聖子
編集	山田武美

般若心経絵本

2005年10月10日　　初版第1刷発行

作／諸橋精光
発行者／八巻孝夫
発行所／小学館
〒101-8001　東京都千代田区一ツ橋2-3-1
振替　00180-1-200
電話／編集・東京03-3230-5447
販売・東京03-5281-3555
印刷所／日本写真印刷株式会社
製本所／牧製本印刷株式会社

ISBN4-09-387582-0